Delacroix.

MÉMOIRE

SUR L'EMPLOI DU

SIROP DE THRIDACE,

PECTORAL, CALMANT, ET ANTISPASMODIQUE,

Contre la Toux, les Catarrhes, l'Asthme,
la Coqueluche, toute Irritation et
Maladie de poitrine, les Spasmes, l'État nerveux
et l'Insomnie,

PRÉFÉRABLEMENT A L'OPIUM

ET A TOUS LES NARCOTIQUES ET PECTORAUX CONNUS JUSQU'A CE JOUR ;

TERMINÉ PAR UNE DESCRIPTION DE L'ÉTAT NERVEUX ;

PAR LE DOCTEUR DELACROIX.

Médecin de la Faculté de Paris, ex-Médecin interne de l'Hôtel-Dieu
et de l'Hôpital des Enfans malades; Professeur de Physiologie et
d'Hygiène; ancien membre de l'Ecole-Pratique; de la Société Ana-
tomique; Associé correspondant de plusieurs académies savantes,
nationales et étrangères; Membre de différentes Institutions philan-
tropiques; de la Société Française de Statistique Universelle; Au-
teur de divers Mémoires sur des sujets de Médecine-Pratique,
de la Connaissance du Tempérament, du Manuel des Hémorroï-
daires, etc.

PARIS.

1840.

DE LA CONNAISSANCE

DU

TEMPÉRAMENT,

PEINTURE FIDÈLE DES ÉTATS SANGUIN, NERVEUX, BILIEUX
ET GLAIREUX ,

COMME PRINCIPES DE TOUTES LES MALADIES.

Signes auxquels chacun reconnaîtra facilement si les maux qu'il éprouve sont causés par le *sang*, l'*humeur* ou les *nerfs*; les dispositions à l'apoplexie, la *pulmonie* et l'*hydropisie*. Effets et dangers de la *constipation*. Moyens de combattre ces divers états, les Spasmes et Irritations, tout principe acrimonieux, les Vents, la Maigreur et l'Excès d'*embonpoint*, les ravages de l'âge critique. Quels sont les signes qui annoncent une bonne *constitution* et les probabilités d'une *longue vie* ?

Nosce te ipsum.

Par le Docteur DELACROIX,

MÉDECIN DE LA FACULTÉ DE PARIS.

NOUVELLE ÉDITION,

AUGMENTÉE D'UN CHAPITRE SUR L'ART D'INTERROGER LES MALADES.

Prix : 2 fr. à la Pharmacie Colbert, Passage Colbert.

MANUEL

DES

HÉMORROÏDAIRES,

CONSIDÉRATIONS ET OBSERVATIONS PRATIQUES

Sur la nature, les causes, les symptômes et le traitement de tous les accidens auxquels ils sont exposés; moyen de les en préserver et de les soulager constamment; régime qui leur convient; quels sont les cas dans lesquels on peut les guérir radicalement en toute sécurité?

Il n'existe pas de maladies où la connaissance
du tempérament soit plus importante.

Par le Docteur DELACROIX,

MÉDECIN DE LA FACULTÉ DE PARIS.

Prix : 3 fr. , à la Pharmacie Colbert, Passage Colbert.

MÉMOIRE

SUR L'EMPLOI DU

SIROP DE THRIDACE*

PECTORAL, CALMANT, ET ANTISPASMODIQUE,

CONTRE LA TOUX, LES CATARRHES, L'ASTHME,
LA COQUELUCHE, TOUTE IRRITATION ET MALADIE DE POITRINE, LES SPASMES,
L'ÉTAT NERVEUX ET L'INSOMNIE,

PRÉFÉRABLEMENT A L'OPIUM ET A TOUS LES NARCOTIQUES.

Si le *plaisir* nous donne la conscience du bien-être de la vie, la *douleur* nous avertit des dangers qui peuvent la compromettre : l'un nous fait aimer l'existence, l'autre nous inspire une crainte salutaire de la perdre ; aussi mettons-nous un égal empressement à rechercher le *plaisir* et à fuir la *douleur* : tel est, comme on l'a dit avec raison, le double but de toutes nos actions.

Si l'homme est naturellement porté à aller au-devant de tout ce qui peut flatter et satisfaire ses sens, il est aussi, par la délicatesse et la complication de sa structure, dans un état presque continuel d'anxiété, d'agacement et d'irritation, et vivant pour ainsi dire dans une sphère de souffrances : son existence n'est en quelque sorte qu'une lutte perpétuelle contre les agens nombreux qui tendent sans cesse à troubler ou à rompre l'admirable jeu de nos frêles organes. La douleur étant donc le plus cruel ennemi de l'homme, n'est-ce pas à la soulager que doivent tendre spécialement nos efforts et notre science ?

Ce n'est pas toujours des douleurs aiguës qu'il s'agit de calmer ; il faut, chez l'un, modérer le cours trop rapide des humeurs, les mouvemens trop actifs, trop précipités de certains organes, régulariser leur action désordonnée ; chez un autre, il faut affaiblir la sensibilité trop exaltée.

---

* THRIDACE est le mot grec θριδαξ (*laitue*). C'est le suc rapproché en consistance d'extrait, et retiré par un procédé spécial des tiges de laitues montées, à l'époque de la floraison (*lactuca sativa hortensis*).

Dans tous les cas enfin, il faut procurer à tout l'ensemble de l'économie un sentiment général de bien-être, de douces alternatives de sommeil et de veilles, une heureuse harmonie dans les sensations, dans l'exercice des facultés intellectuelles et morales, en un mot le plus précieux des biens : la SANTÉ.

Le SIROP DE THRIDACE produit, comme par enchantement et d'une manière presque subite, ces heureux effets, en faisant cesser tout état de douleur ; en calmant cette agitation, cette chaleur habituelle, ce malaise intérieur, ces insomnies, cette anxiété inexprimable, cet abattement, ce découragement, qui sont le caractère distinctif de l'ÉTAT NERVEUX, et qui font le désespoir de ceux qui l'éprouvent (*voyez p.* 10).

C'est aussi en calmant les douleurs, en diminuant la rapidité de la circulation, et par conséquent l'excès de la chaleur naturelle, en ralentissant et régularisant les battemens du cœur, et en éteignant par conséquent la *fièvre*, que l'emploi de ce SIROP met les malades dans la disposition la plus favorable au sommeil.

Le SIROP DE THRIDACE a les mêmes vertus que toutes les préparations dans lesquelles entre l'opium, et n'en a aucun des inconvéniens.

DANGERS DE L'OPIUM.

Les accidens auxquels peuvent donner lieu l'opium et les narcotiques en général, sont très nombreux. Voici les principaux : engourdissemens, pesanteurs de tête, étourdissemens, assoupissemens, rêvasseries, ivresse, délire, gonflement et coloration de la face, congestions cérébrales, dilatation des pupilles, démangeaisons, constipation, échauffement, amaigrissement, impuissance, abrutissement, irritation des organes digestifs, sécheresse de la bouche, de la gorge, soif, dégoûts, nausées, vomissemens, pesanteur et sensibilité à l'épigastre, inflammation de l'estomac et des intestins, empoisonnement.

De tels dangers sont bien de nature assurément à faire employer le SIROP DE THRIDACE préférablement aux préparations opiacées, narcotiques, administrées journellement sous les noms de *laudaùum, sirop diacode* ou *de pavots, morphine, pilules de cynoglosse, sirop, vin et extrait d'opium,* appelé également *thébaïque* : telles sont encore les préparations de *jusquiame* , de *belladone* ; on peut y ajouter la *digitale.*

Il est reconnu aussi par tous les médecins que l'opium nuit dans tous les cas où il y a inflammation , excès de chaleur , et fièvre : accidens que le Sirop de Thridace, au contraire, fait cesser constamment.

PROPRIÉTÉS DU SIROP DE THRIDACE.

Ce sirop est non seulement le plus heureux *calmant* qui existe, mais aucun n'est plus *antiphlogistique,* ne *diminue plus sensiblement la chaleur animale,* et par conséquent n'est plus *rafraichissant.* Celte vertu a été constatée avec un thermomètre placé sous l'aisselle, et le pouls exploré avec une montre à secondes. Avant d'avoir pris le médicament, le pouls battait (terme moyen) soixante-dix pulsations par minute; pendant que le Sirop agissait, le pouls était réduit à soixante pulsations : preuve bien évidente qu'il y avait alors diminution de chaleur, c'est-à-dire *rafraichissement.*

Si l'on ajoute à ces avantages inappréciables de *calmer* et de *rafraîchir,* le *sommeil bienfaisant* et la *transpiration douce* que procure le Sirop de Thridace par suite de la sédation qu'il opère sur les systèmes nerveux et vasculaire, on ne sera pas étonné que ce Sirop trouve son application dans toutes les maladies nerveuses et inflammatoires, et même les maladies chroniques ; dans tous les cas enfin où il y a *spasme, agitation, éréthisme, tension, douleur, irritation, excès de chaleur, soif, fièvre* et *insomnie.*

Ce remède agit promptement peu après son ingestion : son action se porte d'abord presque exclusivement sur le système nerveux, et par suite sur le sanguin, dont il modère l'énergie. Sous son influence, on n'observe dans le pouls ni irrégularité n dureté. Son rhythme est uniforme.

Nous allons faire un exposé spécial des cas dans lesquels on emploie ce Sirop avec le plus grand succès, les rapportant à CINQ CHEFS PRINCIPAUX.

1° Le Sirop de Thridace remédie souverainement aux irritations et inflammations des voies digestives.

On doit comprendre sous cette indication toute chaleur du bas-ventre, sensibilité à l'estomac par la moindre pression, vents, coliques, nausées, vomissemens, diarrhée, dyssenterie, choléra-morbus, douleurs hémorrodales, gastrite (inflammation de l'estomac), entérite (inflammation des intestins), hépatite (inflammation du foie et ses obstructions ou engorgemens).

2° On emploie avec un succès constant le Sirop de Thridace pour combattre les irritations et inflammations de poitrine, en calmant la toux, facilitant l'expectoration, diminuant la chaleur intérieure et la fièvre, et amenant une détente favorable dans tout l'appareil respiratoire.

Chaleur de poitrine, toux, rhume, catarrhe, oppression, étouffemens, enrouement, extinction de voix, maux de gorge, esquinancie, asthme, coqueluche, croup, pulmonie, pleurésie, péripneumonie (fluxion de poitrine).

La pulmonie ayant pour caractère essentiel l'engorgement tuberculeux des poumons ou leur fonte purulente par excès de chaleur, par une fièvre interne qui mine sourdement le corps et le fait tomber dans le marasme, on conçoit que le Sirop de Thridace, par sa vertu *tempérante, calmante et rafraîchissante*, doit arrêter les ravages de cette cruelle maladie, ou empêcher qu'elle ne se déclare. J'en ai décrit longuement tous les signes ou symptômes dans mon ouvrage sur la Connaissance du Tempérament.

Les personnes qui ont la poitrine fatiguée par le chant ou la déclamation, qui professent, parlent en public, font usage de ce sirop avec beaucoup de succès.

3° Le Sirop de Thridace est le remède qui , d'après un grand nombre de faits, doit être prescrit avec le plus de confiance, pour dissiper tout état de spasme, de douleurs des organes urinaires et génitaux, chez l'homme et chez la femme, en rétablissant la sécrétion urinaire et le cours des règles.

Nous rapporterons à ce troisième chef d'indication :

Toute difficulté d'uriner.

Le Catarrhe de la vessie. Nous pourrions citer une foule de cas de cette maladie, dans lesquels ce Sirop a non-seulement calmé constamment les douleurs souvent horribles qu'éprouvaient les malades, mais opéré une guérison radicale.

On emploie également avec le plus grand succès ce Sirop contre les *ulcères et cancers de la matrice*, l'*hystérie*, les *fleurs blanches*, avec ardeurs, chaleur, cuissons, démangeaisons, le *retard* ou la *suppression des règles*, les douleurs, le malaise, les coliques qui souvent les accompagnent ou précèdent leur apparition.

Les femmes arrivées à l'âge critique font usage de ce Sirop avec le plus grand avantage, pour prévenir ou combattre les accidens si orageux de cette époque.

Des personnes fatiguées par des pertes spermatiques nocturnes (pollutions) ont été guéries par l'usage de ce Sirop.

4° Aucun calmant n'agit plus sûrement que le Sirop de Thridace pour faire cesser les accidens nerveux, les spasmes proprement dits, et tous les désordres morbifiques du système musculaire.

Voir la description de l'ÉTAT NERVEUX, page 10.

Les divers états provenant d'une exaltation du système nerveux sont : les palpitations, étouffemens, oppressions, serremens de poitrine, des douleurs nerveuses de la tête, des yeux et des oreilles, la migraine, le tic dou-

6

loureux, des tremblemens, des attaques de nerfs, des
crampes, soubresauts, convulsions, l'épilepsie, l'hystérie
des douleurs goutteuses et rhumatismales.

Ajoutons, à cette série d'affections nerveuses, les
spasmes des voies digestives, tels que le hoquet, les tirail-
lemens et crampes d'estomac, les vomissemens nerveux,
les vents, les coliques, les gonflemens de ventre.

5° Le Sirop de Thridace rafraîchit la masse du sang et
l'épure, et par conséquent diminue sensiblement la chaleur
du corps et la force des battemens du cœur , en modérant la
trop grande activité de la circulation, vertu absolument contraire à celle de l'opium.

On doit rapporter à ces indications toute agitation de
sang, tout mouvement impétueux par la force des pas-
sions, les palpitations, les anévrismes, les hémorragies
actives. Nous devons y rapporter également tout excès
de chaleur du sang et son âcreté, annoncés par les
symptômes suivans: chaleur, rougeur de la peau, teint
échauffé, couperosé, maux de tête, coloration de la face,
pustules, boutons, clous ou furoncles, démangeaisons et
cuissons, dartres, syphilis, gales, scrofule ou humeurs
froides ; en un mot tout principe acrimonieux, l'existence d'anciens virus, et par conséquent tout amaigrissement, tout dépérissement qui en est la suite.

Nota. Nous ferons, au sujet de ce cinquième et dernier chef
d'indications curatives, une réflexion qui probablement n'a
échappé à aucune des personnes qui jugent sainement et sans
prévention : c'est que très souvent, croyant le sang en excès, on
en diminue le volume par la saignée lorsqu'il aurait suffi de le
rafraîchir, de le diviser, de le faire circuler plus également. On
n'agirait pas aussi inconsidérément, si l'on était bien pénétré
du danger de toute évacuation sanguine faite à contre-temps, soit
par la saignée, soit par les sangsues.

Dans mon ouvrage sur la Connaissance du Tempérament (an-
noncé page 1re), je me suis attaché spécialement à distinguer
les cas où la saignée est urgente, et ceux où l'on doit l'éviter.

OBSERVATION TRÈS IMPORTANTE.

D'après tout ce qui précède, on voit combien est étendue la variété d'affections pour lesquelles nous prescrivons le Sirop de Thridace. Loin de nous cependant la pensée d'en faire une panacée, un remède universel. Laissons de pareilles prétentions à ces individus qui, faisant d'un médicament un simple objet de spéculation, l'appliquent indistinctement à une foule de maux les plus disparates ; telle est, pour n'en citer qu'un, la *graine de moutarde*, que l'on voit si souvent produire des inflammations dans les voies digestives.

Qu'il nous suffise de rappeler que les propriétés générales sur lesquelles sont fondées les vertus de ce Sirop sont : 1° de calmer toute agitation, toute irritation nerveuse ; 2° de ralentir le cours du sang et de le rafraîchir; 3° de procurer du sommeil ; et l'on concevra aisément que dans toutes les affections que nous avons énumérées, il existe ou du *spasme* ou de la *douleur*, de l'*irritation*, de l'*inflammation*, ou de l'*eréthisme*, *excès de tension*, *de chaleur*, *fièvre* ou *insomnie*.

Peu importe donc le nom , la classification à donner à la maladie qu'on éprouve ; l'essentiel est d'y appliquer le véritable remède, le seul convenable.

Les vertus du Sirop de Thridace sont aujourd'hui trop remarquables pour ne pas leur donner toute la publicité possible. Il n'y a que la prévention, la mauvaise foi ou une routine aveugle dans la prescription de l'opium, qui puissent nier sa puissance. Elle est attestée par un grand nombre de faits recueillis sous les yeux des plus habiles médecins dans les principaux hôpitaux de la capitale, ainsi qu'en Angleterre, et dans notre pratique spéciale. Il est résulté de tous ces faits que les malades soumis à l'influence de ce remède ont joui d'un sommeil bienfaisant, ont passé des nuits exemptes d'agitations et de douleurs , et que ceux qui en ont continué l'usage pendant un certain temps ont retrouvé un état habituel de bien-être qu'ils ne connaissaient plus depuis long-temps, sans avoir jamais eu à se plaindre dans aucun cas de l'effet de ce médicament, dont l'action n'est jamais accompagnée ni suivie de narcotisme, de stupeur, d'échauffement, de constipation, de suspension des fonctions, de prurit et autres inconvéniens inévitables, comme nous l'avons déjà dit, de l'usage de l'opium et de ses préparations.

MANIÈRE DE FAIRE USAGE DU SIROP DE THRIDACE.

La manière de faire usage de ce Sirop est on ne peut plus simple et facile. Nous affirmons qu'il ne peut jamais nuire dans aucun cas, en fît-on usage sans en avoir le moindre besoin; et pourtant il agit puissamment toutes les fois que son action trouve à s'exercer.

Nous posons les bases suivantes comme principes généraux de l'emploi du Sirop de Thridace.

1° Prendre le Sirop pur, autant que possible, parce qu'étendu dans un liquide quelconque, il perd une partie de son activité. On mettra donc une heure au moins d'intervalle sans rien boire ni manger, avant ou après chaque dose.

2° Le terme moyen de la dose à prendre sera de trois cuillerées à soupe par jour, si les accidens que l'on éprouve ont lieu surtout dans la journée; ou de trois cuillerées à soupe pendant la nuit si les nuits se passent avec de l'agitation, de la douleur, de l'insomnie. Deux cuillerées à soupe prises en se couchant, ou à une demi-heure d'intervalle, suffisent dans beaucoup de cas.

Les personnes qui ne peuvent pas avaler une cuillerée à soupe en une seule fois peuvent ne prendre que des demi-cuillerées, les répétant alors plus souvent.

On le donnera aux enfans par cuillerée à café, proportionément à leur âge.

3° Les personnes qui n'aimeraient pas le Sirop pur (quoiqu'il soit plutôt agréable que désagréable au goût), pourront le mêler avec de l'eau, ou une légère infusion de tilleul, de fleurs d'oranger, s'il s'agit d'accidens nerveux; ou avec une tisane de quatre fleurs, de bouillon blanc ou de mauves, s'il s'agit d'accidens inflammatoires, de violentes douleurs avec fièvre et chaleur à la peau. Mais alors il faut augmenter la dose du sirop, prenant, soit dans la journée, soit pendant la nuit, cinq à six tasses à café de tisane, ajoutant à chaque tasse une cuillerée à soupe de sirop. On peut boire ces tisanes chaudes, surtout si l'on veut obtenir de la transpiration (1).

4. Afin d'éviter que l'estomac s'accoutume trop promptement à l'action du remède, et pour que ses bons effets se soutiennent, on fera bien de varier la dose de sirop, la doublant ou la diminuant quelquefois, selon la violence des accidens à combattre, en interrompant même l'usage un ou deux jours pour revenir à la dose première ou accoutumée.

En un mot, chacun fera sur soi une étude de la dose qui lui convient, selon la nature et la gravité du mal qu'il éprouve, se rappelant bien notre observation : que ce remède ne peut jamais faire de mal, même aux personnes délicates et aux enfans. Si on le désire, on peut aromatiser légèrement ce sirop avec de l'eau de fleurs d'orangers, ou une goutte d'éther par cuillerée à soupe, surtout lorsqu'on le prend pour des accidens nerveux.

5. Il y a en général beaucoup d'avantage à ce que l'emploi de ce sirop ne soit combiné avec celui d'aucun autre médicament actif qui pourrait contrarier ou entraver son action, à moins d'une prescription spéciale du médecin. L'étude de l'action des remèdes serait toujours beaucoup plus sûre si on l'observait ainsi isolément ; car comment faire strictement la part du succès d'un médicament, lorsqu'on en a administré plusieurs dans un même temps ? Cependant nous ne prétendons pas priver les malades de certaines habitudes, de l'emploi ou de l'usage de certains moyens ou remèdes dont ils ont reconnu que la privation leur serait nuisible ; ceux surtout qui sont dépuratifs, et ceux qui tiennent le ventre libre ou qui sont stomachiques.

---

(1) Ce Sirop est préparé avec du sucre très blanc ; sa couleur brune dépend de la grande proportion de Thridace qu'il contient. Nous ne saurions trop répéter que ce Sirop, loin d'être échauffant, diminue sensiblement la chaleur du corps, et par conséquent rafraîchit.

DESCRIPTION DE L'ÉTAT NERVEUX.

MAUX DE NERFS, VAPEURS, SPASMES, ÉRÉTHISME, MÉLANCOLIE, HYPOCONDRIE, HYSTÉRIE.

Si je voulais du mal à mon ennemi, je lui souhaiterais pour supplice des maux de nerfs : il n'est pas d'état plus cruel, par l'anxiété affreuse qui souvent l'accompagne. Si ceux qui tournent en ridicule les personnes qui en sont tourmentées, les appelant malades imaginaires, venaient à ressentir de pareils maux, ils reconnaîtraient qu'on ne saurait trop plaindre leurs malheureuses victimes. Il ne suffit pas à l'être qui souffre de chercher dans notre art du soulagement à ses maux, il lui est bien doux de trouver quelqu'un qui sympathise d'intérêt avec lui.

Les fonctions les plus nobles, les plus importantes de l'organisation animale sont sans contredit celles qui établissent des relations constantes entre l'homme et tout ce qui l'environne, et qui s'effectuent plus particulièrement par l'intermède du cerveau et du système nerveux. Les accidens qui peuvent troubler, intervertir ou altérer diversement ces relations sont donc d'un bien puissant intérêt pour notre observation. Personne ne peut contester l'influence suprême du système nerveux sur tous les phénomènes de l'économie vivante. Aussi retrouve-t-on sous cette même influence le principe de toutes les maladies. C'est donc à la considération des phénomènes nerveux que doivent se rattacher les vues essentielles de la thérapeutique médicinale. C'est sur une connaissance très approfondie du système nerveux et des forces vitales qui en sont dépendantes, que le médecin doit fonder toutes ses indications curatives. Que d'accidens peuvent résulter de l'ignorance de ces indications ! Les maladies, ainsi mal dirigées, perdent leur type naturel. De simples qu'elles étaient, elles deviennent composées ; de chroniques, elles deviennent aiguës; de bénignes, elles deviennent malignes. La théorie du cerveau, des nerfs et de leurs facultés est, comme on l'a dit avec raison, la clé de la médecine pratique.

Si l'on se persuadait combien les causes des maladies nerveuses sont variées et souvent mystérieuses, on examinerait, on questionnerait les malades avec beaucoup plus de patience et d'intérêt, de discrétion et de soins qu'on ne le fait communément; et l'on ne manquerait pas de découvrir le principe, la véritable nature de ces affections dont, il faut l'avouer, le protée dans ses métamorphoses, le caméléon sous ses différentes couleurs, n'expriment encore que faiblement la variété et la bizarrerie.

L'état nerveux a pour caractère essentiel une excessive sensibilité avec une très grande irrégularité dans l'exercice des fonctions. On peut être éminemment nerveux, sans jamais avoir éprouvé de ces mouvemens convulsifs appelés *attaques de nerfs.*

Plusieurs autorités imposantes et ma propre expérience me portent à affirmer qu'il existe des maladies purement nerveuses, sans aucune apparence de lésion organique; cet état est souvent héréditaire. Les personnes qui en sont atteintes présentent les caractères suivans, du moins le plus communément : stature grêle, cheveux bruns ou noirs, yeux grands et langoureux dans la jeunesse, et sombres dans un âge plus avancé, teint sans fraîcheur. Les femmes de ce tempérament ont la peau belle, mais sèche; leur air annonce la nonchalance dans tout ce qu'elles disent ou ce qu'elles font : les hommes, au contraire, présentent une certaine vivacité avec une impatience extrême, mettant de la promptitude dans toutes les actions qui ne demandent pas beaucoup de force et de constance. L'état nerveux domine dans les grandes villes, dans les capitales et surtout chez les femmes. Pourquoi, créées pour notre bonheur, sont-elles donc généralement si à plaindre !

Les personnes nerveuses sont plus souffrantes l'été et l'automne et par les variations subites de température ; le grand froid irrite aussi les nerfs. Les boissons acides, le thé, le café (surtout au lait chez certaines personnes), le vin blanc, occasionent quelquefois des tremblemens, des spasmes, des malaises, une agitation intérieure indéfinissable : les brouillards donnent a migraine, les temps pluvieux oppressent, ôtent l'appétit; les temps orageux font éprouver une anxiété inexprimable, des maux de tête, des maux de cœur, de l'assoupissement. L'état nerveux est en général caractérisé par les symptômes les plus bizarres et les plus mobiles, sous l'influence des plus légères causes morales : coloration irrégulière des joues, la figure tantôt très animée, tantôt défaite, abattue, toute décomposée, dans la même journée ; mouvemens convulsifs dans quelques muscles de la face. Le plus souvent on a la tête brûlante et douloureuse ; on ressent des bouffées de chaleur, ou l'on éprouve par intervalle une sensation très vive de froid. C'est ordinairement le sommet de la tête qui est douloureux. On voit des femmes y éprouver une douleur comparable à celle que produirait un clou qu'on y enfoncerait (*clou hystérique*); le crâne semble quelquefois comme accablé sous le poids d'une calotte de plomb, ou bien comprimé latéralement comme dans un étau. La peau qui le couvre devient parfois si sensible, que les malades disent ressentir de vives douleurs jusque dans les cheveux. Certaines personnes éprouvent fréquemment un sentiment de détente dans la tête (ou même dans la poitrine et le bas-ventre), et en comparent le bruit à celui qui résulterait d'une forte détonation électrique, ou de la décharge d'une arme à feu; d'autres disent éprouver des bouillonnemens dans l'intérieur du crâne, des battemens ou un bruit comparable au son d'une cloche : quelques-uns se plaignent d'avoir la tête vide ou craignent continuellement de la perdre. Alternative de froid et de chaud simultanément ou successivement en différens endroits du corps : insomnie, rêves tristes et pénibles, quelquefois lascifs, cauchemar, idées sombres et chimériques, crainte continuelle de la mort; on voit cependant des personnes la désirer et se la donner. Visions pendant le sommeil, auquel on redoute de se livrer, se trouvant plus mal au réveil; réveil en sursaut; éblouissemens, étourdissemens, vertiges, sifflemens, bourdonnemens, tintemens d'oreilles et même surdité; assoupissemens, fortes douleurs vers les yeux, surtout dans le fond de l'orbite. Les personnes nerveuses ont en général la peau sèche, sans transpiration ; une vive lumière, le bruit, la musique, certaines odeurs, les incommodent à cause de la sensibilité très-grande des organes des sens. Le froid le plus léger et la chaleur la plus modérée font sur elles les plus vives impressions. Elles sont très sensibles à l'état électrique de l'atmosphère et aux variations brusques de température ; le moindre bruit les fait tressaillir, les agace, les importune ; des douleurs de diverse nature se font sentir durant le cours d'une même journée, d'une même heure, dans les parties les plus opposées. Sentiment de lourdeur, d'inquiétude, de lassitude, de pesanteur dans les bras et surtout dans les cuisses et les jambes, craquemens dans les articulations; picotemens, démangeaisons par tout le corps, chaleurs brûlantes aux pieds et aux mains ; crampes, tremblemens, fourmillemens, engourdissemens, constriction spasmodique dans la poitrine ; sensation d'une boule qui monte du bas-ventre (avec serrement au gosier, chez les femmes surtout), ou d'une pelotte de fil qui se déroulerait, ou bien de la présence de vers ou de tous autres insectes. Quelquefois les intestins semblent comme noués, comme pelotonnés. Certaines personnes croient sentir dans le gosier un morceau de pomme ou de chair : bouche pâteuse, amère ; la langue couverte d'un enduit muqueux, surtout le matin ; envies de vomir, rapports acides, appétit affaibli, capricieux, augmenté ou dépravé ; crachotemens continuels, salivation quelquefois abondante, avec acidité, aigreurs insupportables ; gêne et plénitude vers l'estomac après le repas, avec borborygmes, tension, gonflement des hypocondres ou de tout le ventre, dégagement de vents dont la sortie soulage infiniment ; vomissement d'eaux claires, de pituite, de flegmes épais, ou d'une liqueur verte ou noirâtre comme du marc de café. Tous ces symptômes sont moins intenses le matin en général que le soir et la nuit, ils sont très prononcés après que l'on a mangé. Les urines sont le plus souvent pâles et limpides; elles arrivent quelquefois par un flux subit et abondant, et le lendemain elles coulent goutte à goutte avec douleur et sont très chargées. Il existe assez-ordinairement une constipation opiniâtre.

Beaucoup de personnes, dans un pareil état, qui est des plus pénibles, conservent de la fraîcheur, ont la figure colorée, animée et toute l'apparence de la santé, avec un grand développement du système musculaire : c'est ce qui fait que malheureusement on ne commence à ajouter foi à leurs maux que quand leur embonpoint diminue, que leur teint pâlit, et que toutes les fonctions paraissent languir.

Chez les femmes on observe que les règles, au lieu de se supprimer, augmentent souvent d'abondance : il n'est pas rare de les voir cesser avant le terme ordinaire prescrit par la nature, et être remplacées par des fleurs blanches.

Plusieurs malades ressentent des douleurs comme s'ils avaient eu des contusions : ils ont de l'oppression et de temps à autre une gêne considérable de la respiration : la poitrine est comme comprimée par un poids lourd, ou serrée dans un étau.

Ils éprouvent une petite toux sèche, des bâillemens, des hoquets, un état spasmodique du larynx, accompagné quelquefois de la privation de la parole et de la voix, et souvent des défaillances comme si la vie allait les abandonner.

Les personnes nerveuses ont en général la peau sèche, sans transpiration ; de même qu'elles suent facilemen à la moindre fatigue.

Si on les envisage sous le rapport moral, on trouve qu'elles sont irascibles, à charge à elles-mêmes et aux autres, généralement tristes, sérieuses, timides, méfiantes, inquiétes, irrésolues ; dans un état de découragement, d'abattement, de langueur et d'indifférence ; s'imaginant n'être aimées de personne, recherchant la solitude, évitant le bruit et ne se trouvant bien nulle part. La même mobilité se remarque dans les inclinations, les goûts, les penchans, les affections morales : des pleurs abondans alternant avec de grands éclats de rire et tous les écarts d'une gaîté folle ; idées sombres et chimériques ; apathie, insensibilité à toutes les jouissances ; on voit tous les événemens en noir, tout en se trouvant au milieu des élémens de bonheur, au sein de la fortune et de tout ce qui peut assurer la félicité domestique ; on gémit continuellement sur son sort, étant rêveur, concentré, n'épanchant aucun de ses sentimens, aucune de ses sensations ; on est accablé par les plus faibles revers, de même qu'on renaît pour la plus simple satisfaction, pour la joie la plus légère ; on sent qu'on a besoin d'amis et l'on n'en trouve pas.

Les personnes qui reconnaîtront chez elles un état nerveux, d'après l'ensemble des symptômes nombreux et variés que nous venons d'exposer, peuvent être assurées de retrouver les dispositions les plus heureuses, la santé, la fraîcheur, un bien-être qui leur était inconnu, la vie en un mot, dans l'usage continué pendant un certain temps du Sirop de Thridace, dont les *trois grandes vertus*, nous ne saurions trop le répéter, sont de *calmer*, de *rafraîchir*, et de *procurer un sommeil doux et tranquille*.

Nous étant occupé d'une manière spéciale de la théorie et du traitement des maladies nerveuses, mais nous étant renfermé dans les bornes que demandait ce mémoire, nous prévenons le lecteur qu'il trouvera dans notre ouvrage sur la Connaissance du Tempérament tout ce qui est relatif aux causes multipliées d'un pareil état, aux désordres infinis qui peuvent en être la suite, et à la manière de vivre en général des individus qui l'éprouvent. (*Voir l'annonce de cet ouvrage page* 4.)

L'heure des consultations de M. le Docteur Delacroix *est de une heure à deux heures, rue Taitbout, n.* 8, *boulevart des Italiens.*

AVIS.

LE SIROP DE THRIDACE, préparé avec tout le soin possible, et dans des proportions de THRIDACE que l'expérience a fait reconnaître les plus favorables à ses heureux effets, se vend à la PHARMACIE COLBERT, passage Colbert, chez TROUVIN, Pharmacien, et dans tous les dépôts dont la liste est ci-contre.

Il se vend par bouteille du prix de **5 fr.**, et par demi-bouteille du prix de **2 fr. 50** c. avec le présent Mémoire, qui se distribue gratuitement à la Pharmacie Colbert et chez les dépositaires.

Nota. Chaque bouteille porte en incrustation dans le verre et sur le bouchon le cachet de la PHARMACIE COLBERT, et la signature ci-jointe sur l'étiquette :

On reprend la bouteille vide pour 15 centimes, à Paris seulement, et non dans les dépôts.

NOTA.

On trouve également à la PHARMACIE COLBERT et dans les DÉPOTS; 1° les PILULES STOMACHIQUES, les seules approuvées par l'autorité et par une commission spéciale de Professeurs de la Faculté de Médecine et de l'École de pharmacie de Paris. Elles sont reconnues souveraines contre toute *faiblesse d'estomac,* la *constipation* et les *vents;* pour évacuer la *bile* et les *glaires,* et détourner toute *humeur qui tend à se fixer.* Elles purgent sans irritation ni échauffement.

Prix de la Boîte : 3 fr., avec l'instruction médicale très-détaillée.

2° LA GELÉE DE POMMES ou LICHEN, employée avec le plus grand succès comme aliment médicamenteux très-agréable au goût, dans toutes les *maladies de poitrine* ; la *pulmonie,* les *gastrites,* la *maigreur* et l'*épuisement,* qui en sont les suites ; la convalescence de toutes les maladies aiguës, des maladies éruptives chez les enfants ; et tout dépérissement causé par des excès quelconques, ou des affections morales.

Prix du pot : 4 francs, avec l'instruction.

3° LES TABLETTES MARTIALES, qui remplacent avec le plus grand succès les eaux *minérales ferrugineuses,* comme *toniques,* contre toute *disposition molle et lymphatique,* toute *faiblesse de tempérament,* le *relâchement de la fibre,* la *pâleur de la peau,* la *jaunisse,* l'*hydropisie,* la *cachexie,* et l'*obésité ;* et chez les femmes, la *suppression des règles,* les *flueurs blanches* et les *pâles couleurs* (la *chlorose*). — Prix de la boîte : 2 fr. avec le prospectus.

PHARMACIENS DÉPOSITAIRES.

Agen, *Pons.*
Aix, *Icard.*
Ajaccio, *Grossetti.*
Amiens, *Cheron.*
Angers, *Gilbert.*
Angoulême, *Dubert.*
Aubenas, *Maurin.*
Aurillac, *Thibal.*
Autun, *Berger.*
Auxonne, *Marion.*
Avallon, *Bouchardat.*
Avranches, *Désalleurs.*
Baquevile, *Maubu.*
Bayonne, *Lebeuf.*
Beauvais, *Larsonneur.*
Belfort, *Beloux.*
Besançon, *Desfosses.*
Blois, *Croulbois.*
Bordeaux, *Tapie.*
Boulogne-sur-Mer, *Dagomel.*
Bourg, *Béraud.*
Bourges, *Breu.*
Brest, *Reyneau.*
Brignoles, *Vian.*
Bruxelles, *Brunin.*
Caen, *Zill-des-Iles.*
Cambrai, *Tordeux.*
Carcassonne, *Boussaguet*
Castel-Jaloux, *Germa.*
Chartres, *Barrier.*
Cherbourg, *Robe.*
Clermont-Ferrand, *H. Lecoq.*
Collioure, *Alexis-Ay.*
Colmar, *Duchampt.*
Compiègne, *Simon-Leroy.*
Courtray, *de Boey fils.*
Coutances, *Guilbert.*
Décize, *Errard.*
Dijon, *Darantière.*
Douai, *Depoutre-Mangin.*

Evreux, *Brunet.*
Fontenay-le-Comte, *Audonnet.*
Gand, *Depaêpe.*
Givors, *Condroyer.*
Grenoble, *Rey.*
Havre (le), *Chauffard.*
La Rochelle, *Fleury.*
Liége, *V. Thombal.*
Lille, *Tripier.*
Limoges, *Reculès.*
Lisieux, *Bove.*
Lons-le-Saulnier, *Mangin.*
Lorient, *Beaupin.*
Luçon, *Landriau-Brunet.*
Luxembourg, *Heldenstein.*
Lyon, *Aguettant.*
Mâcon, *Mossel.*
Marseille, *Thumin.*
Mende, *Lascols.*
Meaux, *Fournier.*
Metz, *Worms.*
Modène, *Germiniano Vencenzi.*
Mons, *Van-Miert.*
Mont-de-Marsan, *Monne.*
Montpellier, *Castan.*
Moulins, *Barthelon.*
Mulhouse, *Claude.*
Namur, *Louis et Ch. Jourdain.*
Nancy, *Suard.*
Nantes, *G. Davau.*
Naples, *Arène.*
Niort, *Aubert.*
Nîmes, *Vermez.*
Orléans, *Sallé.*
Palerme, *MauriceMerle.*
Pau, *Foursan.*
Perpignan, *Théodore Mouchous.*

Philippeville, *Lechevallier.*
Poitiers, *Lagarde.*
Pontarlier, *Roland.*
Pontrieux, *Vadet.*
Privas, *Benoît.*
Quintin, *Chauvel aîné.*
Reims, *Jolicœur.*
Rennes, *Legault.*
Riom, *Dufaud.*
Rocroi, *Sohet-Penant.*
Romorantin, *Dumond.*
Roubaix, *Piscard.*
Rouen, *Beauclair.*
Saint-Malo, *Lagogué.*
Saint-Omer, *Damart-Vincent.*
Saint Pétersbourg, *Mrs Muller et Hauff.*
Saint-Quentin, *Lebret.*
Sarreguemines, *Blandin.*
Saumur, *Touchet.*
Sauveterre, *Clavel.*
Sedan, *Amstein.*
Selles-sur-Cher, *Clech.*
Sens, *Gaudichon.*
Soissons, *Fournier.*
Strasbourg, *Legrand.*
Tarbes, *Sarrans.*
Toulon, *Dol.*
Toulouse, *Delpech.*
Tournay, *Bossut.*
Tours, *Micque.*
Valence, *Accarie.*
Valenciennes, *Caron.*
Vatan, *Léon Tillet.*
Vendôme, *Chautard-Jourdain.*
Versailles, *Audebert.*
Vervins, *Mallo.*
Vesoul, *Boudot.*
Villefranche-sur-Saône, *H. Voituret.*

LE SIROP DE THRIDACE,

PRÉPARÉ A LA

PHARMACIE COLBERT

(PASSAGE COLBERT),

EST DU PRIX DE 5 FRANCS LA BOUTEILLE,

Avec le Mémoire médical.

Il y a des demi-bouteilles du prix de 2 fr. 50 c.

Ce Mémoire se distribue gratuitement à la Pharmacie Colbert, et chez tous les Pharmaciens correspondans, en France et à l'Étranger.

On trouve également à la Pharmacie Colbert les **Pastilles de Thridace,** ayant les mêmes vertus que le Sirop de Thridace. Prix de la boîte, 2 fr.

Paris. — Imprimerie de Paul Dupont et Comp., rue Grenelle-St-Honoré, 55.

www.ingramcontent.com/pod-product-compliance
Ingram Content Group UK Ltd.
Pitfield, Milton Keynes, MK11 3LW, UK
UKHW021051120726
13693UKWH00006B/2558